Eis-Träume

Selbstgemachtes aus Früchten, Milch und mehr

SABINE
D'AGOSTINO

Inhalt

Vorwort   6

Eis-Träume, aus besten Zutaten selbst gemacht   9

Cremeeis – das Beste aus Milch und Sahne   19

Fruchteis – Farben und Aromen aus aller Welt   59

Sorbets mit Früchten und Gewürzen   83

Granita – der eiskalte Frischekick   95

Parfaits – Eistorten vom Feinsten   107

Dessertsaucen – das Tüpfelchen auf dem i   117

Alle Rezepte auf einen Blick   124
Stichwortverzeichnis   126
Bezugsquellen   126
Über die Autorin   127

Vorwort

Was wäre der Sommer ohne Eis? Aber auch im Winter findet die kalte Köstlichkeit immer mehr Liebhaber. Sie müssen lediglich einen Teil der Zutaten abändern, um Ihre Familie und Ihre Freunde genau wie im Sommer mit köstlichen Eissorten zu bezaubern.

Ein gesunder Genuss

Handwerklich produziertes Speiseeis hat wegen seiner vielen natürlichen Rohstoffe einen hohen Genusswert. Daneben ist Eis fast so reich an Kalzium und Kalium wie Vollmilch. Vom gesundheitlichen Aspekt aus betrachtet, kann Eis also ein wertvoller Bestandteil unserer Nahrung sein.

Meine Erfahrungen in den letzten Jahren haben gezeigt, dass auch die junge Generation sehr wohl noch Geschmack an natürlichen Nahrungsmitteln findet. Um Kinder zu einem gesunden Ernährungsverhalten zu erziehen, sollten Eltern daher auf einen ausreichenden Anteil an im Haushalt aus frischen Zutaten zubereiteten Speisen achten. Studien zeigen, dass sensorische Erfahrungen in der frühen Kindheit auch langfristige Auswirkungen auf die Geschmackspräferenzen und Akzeptanz von Lebensmitteln haben.

Was in gekauftem Eis so alles steckt

Wenn Sie Eis im Supermarkt und bei Discountern einkaufen, dann haben Sie es vielleicht auch schon einmal bemerkt, dass sich die Packung manchmal merkwürdig leicht anfühlt. Statt vieler Zutaten steckt in solchem Eis vor allem eines – viel Luft.

Eine Zutat, die mittlerweile in der industriellen Speiseeisproduktion verwendet wird, dort aber eigentlich nicht hineingehört, ist überdies Pflanzenfett. Die Speiseeis-Industrie arbeitet außerdem häufig mit »natürlichen Aromen«. Ein Begriff, der Verbraucher gerne in die Irre führt. Denn diese Aromen müssen zwar aus einem »natürlichen« Ausgangs- stoff hergestellt werden, doch das könnte zum Beispiel auch Holz sein. Ist der Ursprung tatsächlich aus der namensgebenden Frucht, dann wird dies auch angegeben: Natürli- ches Erdbeeraroma zum Beispiel wurde wirklich aus der Erdbeere gewonnen.

Ein anderes Beispiel: Weil Bourbonvanille ein sehr teurer Rohstoff ist, wird er von der Industrie meist nur sehr sparsam eingesetzt. Aroma, meist synthetisch aus dem Roh- stoff Reis hergestellt, hilft dann beim Vanillegeschmack nach. Wer gutes Eis kaufen möchte, muss also mühsam Zutatenlisten studieren.

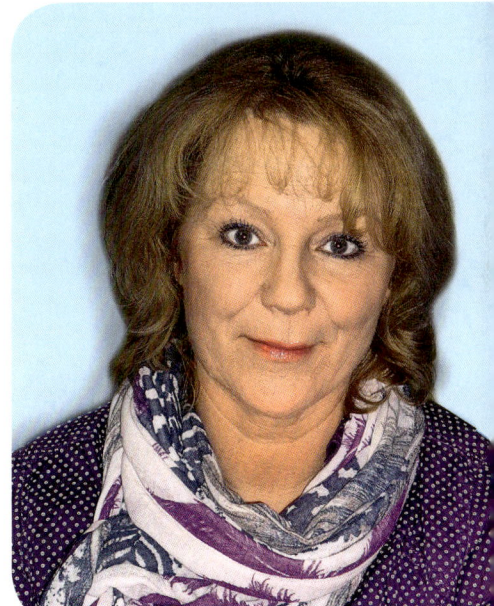

Viel einfacher und garantiert auch lustiger ist es daher, wenn Sie selbst zum Kochlöffel greifen und Eis selbst in der eigenen Küche machen. Wenn Sie beim Herstellen der Rezepte in diesem Buch auf eine gute Qualität der Zutaten achten, kann sich Ihre Familie auf eine gesunde Nascherei freuen. Sie selbst können bestimmen, was ins Eis hineinkommt, und schwierig ist das Ganze auch nicht. Die Rezepte sind so erklärt, dass Sie nicht einmal eine Eismaschine benötigen. Oder überraschen Sie Ihre Gäste doch auch einmal mit einer köstlichen Eistorte. Sie ist gewiss ein Highlight auf Ihrer Kaffeetaf- el. Ich wünsche Ihnen viel Spaß beim Ausprobieren und Selbermachen!

Ihre Sabine D'Agostino

Eis-Träume,
aus besten Zutaten
selbst gemacht

Lust am Selbermachen

Wer der tatsächliche Erfinder des Speiseeises war, wird sich wahrscheinlich nie genau klären lassen. Eisähnliche Speisen wurden vor mehr als 3000 Jahren im alten China hergestellt. Bekannt sind Berichte römischer Kaiser über den Genuss von Früchten und Fruchtsäften, die mit Schnee oder Eisstücken vermischt waren. Marco Polo (1254–1324) soll von seinen vielen Reisen Rezepturen für die Herstellung von Eis mit nach Italien gebracht haben.

Kleine Geschichte des Speiseeises

Unten: Mit dem richtigen Zubehör und gegebenenfalls einer Eismaschine erhalten Sie besonders cremige Eisspezialitäten.

Catarina de Medici (1519–1589), die nach Frankreich ging, um den französischen Thronfolger zu heiraten, brachte einen Gelatiere, einen »Eismacher«, aus Italien mit an den Hof des Königs Heinrich II. Von dort aus verbreitete sich das Eis zuerst in Paris und seinem Umland, nach einiger Zeit von dort aus in ganz Europa und später bis nach Übersee in die USA.

Selbstverständlich gab es damals noch nicht die Möglichkeit, Speiseeis in Tiefkühlfächern gefrieren zu lassen. Die notwendige Kälte wurde durch Roheis und Salz erzeugt. In doppelwandigen Gefrierbehältnissen konnte der Eismix durch Rühren langsam gefroren werden.

Dieses Kühlungsverfahren wurde immer weiter verfeinert, bis es Michael Faraday (1791–1867) schließlich gelang, Ammoniak zu verflüssigen, was die Eisherstellung revolutionierte. Speiseeismaschinen basieren heute noch auf der Grundlage dieser Erfindung.

Geräte und Zubehör

Tortenringe, Tortenplatten und Eisbomben
Für die Herstellung der Eistorten benötigt man Tortenplatten und -ringe. Es gibt mittlerweile auch für den Hausgebrauch eine riesige Auswahl an Tortenringen und Eisbombenformen. Je nach Anlass können Sie unter verschiedenen Formen wählen wie Herzen, Sternen, Blumen oder Tropfen!

Eisportionierer
Es gibt bei den Eisportionierern eine Auswahl an unterschiedlichen Größen, Formen und Materialien. Es lohnt sich auf jeden Fall, einen Eisportionierer mit Auswurfmechanismus zu kaufen. Es muss kein antihaftbeschichteter sein, aber Edelstahl würde ich empfehlen. Wenn man den Portionierer kurz in Wasser taucht und gut abklopft, bleibt nichts kleben.

Gummispatel
Ein Gummispatel ist elastisch, eignet sich gut zum Ausleeren von Rührschüsseln und zum Unterheben von Sahne oder Eischnee.

Pürierstab
Einfach unverzichtbar zum Pürieren von frischen Früchten und Kräutern.

Handmixer und Schneebesen
Ein Handmixer ist im Haushalt nicht mehr wegzudenken. Beim vorsichtigen Unterheben von z. B. Sahne oder Eischnee würde ich aber einen Schneebesen oder Gummispatel empfehlen, damit die Masse schön locker bleibt.

Metallschüsseln
Man verwendet sie für kalte oder warme Wasserbäder. Am besten eignen sich Metallschüsseln mit rundem Boden.

Unten: Mit einem guten Eisportionierer können formschöne Kugeln ausgestochen werden, die ein Eisdessert auch optisch zum Genuss machen.

Spritzbeutel und Tüllen

Es gibt sowohl Einwegspritzbeutel wie auch solche, die man auswaschen und wiederverwenden kann. Aus hygienischen Gründen bevorzuge ich die Einwegbeutel. Zur Not kann man auch von einem Gefrierbeutel eine Ecke abschneiden und die Masse dort einfüllen. Einige Stern- und Lochtüllen in verschiedenen Größen sollte man im Hause haben. Für die Dekoration von Eisdesserts und Eistorten sind sie unerlässlich.

Eisformen

Bei Kindern sind Plastik-Stieleisformen besonders beliebt. Auch in solche Eisformen kann man alle Eissorten abfüllen und gefrieren.

Silikonformen

Neben Tortenringen kann man für die Parfaits auch Silikonformen verwenden. Das Parfait wird in die entsprechende Form abgefüllt, nach dem Gefrieren kurz mit warmem Wasser gelöst und herausgedrückt.

Unten: Das Orangen-Mohn-Parfait (S. 114) ist zu jeder Jahreszeit ein Genuss! Mithilfe von Tortenring und Spritzbeutel können auch Sie ein solches Kunstwerk zaubern.

Tortendekoration

Für die Dekoration der Eistorten sind der Phantasie keine Grenzen gesetzt. Zu allen festlichen Anlässen gibt es eine passende Tortendekoration. Mit Marzipanrosen, Figuren, Tortenauflegern, Streudekor, Kerzen usw. lassen sich sehr schöne Torten zaubern.

Tortenverpackungen

Wenn man eine Eistorte verschenken möchte, stellt sich die Frage nach einer dekorativen und ansprechenden Verpackung, die speziell für Torten geeignet ist. Auch schöne gold- oder silberfarbene Kuchenplatten eignen sich als Tortenunterlage.

Heißluftföhn, Thermometer und Waage

Den Heißluftföhn benötigt man, um die Eistorte aus dem Tortenring herauszulösen. Es geht auch mit einem ganz normalen Haarföhn. Dazu den Tortenring bzw. die Form rundherum mit dem Föhn erwärmen und nach oben abziehen. Thermometer sind ratsam beim Temperieren u. a. von Kuvertüre und Läuterzucker. Eine genaue Waage ist sicherlich schon Standard in allen Haushalten.

Schälchen und Gläser

Wenn man Eisdesserts für Gäste vorbereitet, ist es sinnvoll, die Eismasse schon in entsprechenden Schälchen oder Gläsern zu portionieren oder später darin anzurichten. Schälchen und Gläser sind in allen Farben und Variationen im Fachhandel oder übers Internet erhältlich.

Eismaschine

Alle Rezepte in diesem Buch lassen sich problemlos ohne Eismaschine herstellen. Wichtig ist nur, dass Sie genügend Zeit einplanen, da es einige Zeit dauert, bis das Eis gut durchgefroren ist. Wer es nicht ganz so aufwendig mag und die Arbeit lieber einer Maschine überlässt, sollte sich eine Eismaschine anschaffen. Vor allem wenn man plant, öfter Eis selbst herzustellen. Mit einer Eismaschine erzielt man eine noch cremigere Konsistenz, da die Maschine Luft unter die Eismasse schlägt, was ansonsten per Hand erledigt werden muss. Man unterscheidet zwischen Eismaschinen ohne und Eismaschinen mit Kompressor. Bei den Maschinen ohne Kompressor muss man den Gefrierbehälter für 12–24 Stunden in den Gefrierschrank stellen. Mit diesen Geräten lässt sich pro Tag nur eine Eissorte herstellen. Die Anschaffungskosten belaufen sich auf

Unten: Erkundigen Sie sich im Fachhandel über die Qualitätsunterschiede der einzelnen Fabrikate. Dann erhalten Sie auch ein hervorragend cremiges Ergebnis.

ca. 30 Euro. Bei den Eismaschinen mit Kompressor erfolgt die Kühlung elektrisch. Sie können also spontan auch mehrere Eissorten am Tag herstellen und müssen noch weniger vorausplanen, wenn Sie vorhaben, Eis herzustellen. Für diese Geräte muss der Verbraucher schon tiefer in die Tasche greifen. Sie kosten ca. 250–300 Euro, je nach Modell.

Zutaten und Grundlagen

Milchprodukte

Bei der Herstellung von Eis empfehle ich die Verwendung von frischer Milch und Sahne, am besten Vollmilch. H-Milch und die sogenannte »Länger-frisch-Milch« erzeugen immer einen leichten Beigeschmack. Menschen mit Laktoseintoleranz oder Veganer können die Milch durch Soja-, Reis- oder Hafermilch, die Sahne durch Sojasahne ersetzen.

Links: Kinder lieben diese kleinen Pappbecher und die bunten Plastiklöffel. Eine gute Idee für eine Geburtstagsparty!

Rechts: Wenn Sie Ihre Eisspezialitäten wie z.B. ein Granita in Gläsern anrichten möchten, sollten die Gläser immer gut vorgekühlt sein.

Bindemittel

Die Rezepte können jeweils sowohl mit Eiern als auch mit der pflanzlichen Alternative hergestellt werden. Als Bindemittel dienen neben frischen Eiern auch Johannisbrotkernmehl oder Soja-Lecithin. Beides bekommt man in Reformhäusern sowie in gut sortierten Supermärkten. Da man von diesen Alternativen sehr wenig benötigt, ist es auch preislich kein großer Unterschied.

Wer auf Eier aber verzichten möchte, hat mit diesen pflanzlichen Zutaten eine echte Alternative. Man verrührt zum Beispiel 2–3 TL Soja-Lecithin zunächst mit etwas kalter Milch oder Sahne. Dann erst fügt man es der warmen Masse hinzu. Bei Johannisbrotkernmehl rechnet man pro Eigelb, das ersetzt werden soll, ca. 1 TL Johannisbrotkernmehl. Wichtig ist, es vorher immer mit Zucker zu vermischen.

Wer bei den klassischen Eiern bleibt, sollte nur ganz frische, möglichst biologische Eier verwenden. Mit Ei hergestelltes Eis sollte möglichst rasch verzehrt werden und eignet sich nicht für lange Aufbewahrung.

Links: Egal ob zum Geburtstag oder als Überraschung zum Muttertag. Diese Torte passt hervorragend auf jede Kaffeetafel.

Früchte oder Fruchtsäfte

Für die Rezepte, in denen man Früchte benötigt, können Sie je nach Jahreszeit frische Ware wählen, aber auch Tiefkühlfrüchte (TK) sind heutzutage von hervorragender Qualität. Kaufen Sie nur Fruchtsäfte und -sirups ohne Zusatzstoffe.

Vanilleschoten

Vanilleschoten sind im Supermarkt zwar nicht ganz billig, aber es sollte auf keinen Fall darauf verzichtet werden. Es gibt keine bessere Alternative für ein echtes Vanillearoma und das ganz ohne Zusatzstoffe.

Süßungsmittel

Die Rezepte in diesem Buch werden mit Zucker hergestellt. Man kann das Eis aber auch mit Honig süßen. Da Honig eine höhere Süßkraft hat, ersetzt man 200 g Zucker durch lediglich 150 g Honig.

Achtung: Nicht für Kinder unter 1 Jahr geeignet, da Säuglinge durch den Verzehr von nicht hoch erhitztem Honig in seltenen Fällen eine schwere Infektion bekommen können!

Zucker durch Stevia zu ersetzen ist wegen der gänzlich anderen Konsistenz und der um vieles höheren Süßkraft von Stevia nur bedingt möglich. Ich würde höchstens $1/3$ des Zuckers durch Stevia ersetzen.

Wenn das Eis noch cremiger sein soll, kann man einen Teil des Zuckers durch Traubenzucker ersetzen.

Schokolade

Ich empfehle die Verwendung von hochwertiger Kuvertüre mit mindestens 60 % Kakaoanteil.

Zur Rose abziehen

Wie jeweils in den Rezepten beschrieben, verrührt man zunächst die Eier mit dem Zucker, am besten in einer Metallschüssel. Dieser Arbeitsschritt geht mit dem Handmixer am schnellsten.

Den heißen Milch-Sahne-Mix (ca. 75 °C) gibt man vorsichtig nach und nach über einem heißen Wasserbad (das Wasser darf nicht kochen) in die Ei-Zucker-Masse.

Bitte nicht mit dem Handmixer oder einem Schneebesen verrühren, sondern hierfür einen Kochlöffel bzw. einen Gummi- oder Silikonspatel verwenden.

Die Masse ständig rühren und in Bewegung halten. Wenn Sie einen Kochlöffel in die Masse halten und beim Pusten über diesen Löffel Wellen entstehen, die wie Rosenblätter aussehen, ist die Creme fertig. Die Masse sollte eine cremige Bindung haben.

Serviertemperatur

Um ein cremiges Eis zu genießen, muss man das Eis vor dem Verzehr rechtzeitig aus dem Tiefkühlfach nehmen und 15 bis 30 Minuten im Kühlschrank lagern. Das Gleiche gilt auch für Eistorten.

Links: Ob Waffeltüten, Hippen oder Herzwaffeln, schokoladig oder pur – es gibt eine große Auswahl an Dekorationsmöglichkeiten für Eisbecher und Co.

Cremeeis –
das Beste aus
Milch und Sahne

Vanilleeis –

der köstliche Klassiker

Für 3–4 Portionen ～ **Zubereitungszeit 1 Stunde** ～
Gefrierzeit ca. 5 Stunden

Zutaten

2 Vanilleschoten
300 ml Milch
300 g Sahne
3 Eigelb
130 g Zucker

»Was sind denn die schwarzen Punkte da drin?«, lautet die regelmäßige Frage von Kindern (und Erwachsenen), die nur das künstliche Vanillin-Aroma kennen und dieses Eis mit dem Mark der echten Bourbonvanille-Schote probieren. Das warme, sanfte Aroma des tropischen Gewürzes und der cremige Schmelz lassen jedes Supermarkt-Eis hinter sich und bilden die Grundlage für viele köstliche Desserts.

1 Die Vanilleschoten der Länge nach aufschneiden und das Vanillemark mit dem Messerrücken herauskratzen. Mark und Schoten in einen Topf geben. Milch und Sahne dazugeben und ca. 20 Minuten leicht köcheln lassen, danach etwas abkühlen lassen. Die Vanilleschoten entfernen.

2 Eigelbe und Zucker mit dem Handmixer in einer Schüssel cremig aufschlagen. Die warme Vanilleflüssigkeit zur Eigelb-Zucker-Masse geben und gut aufschlagen. Die Masse über einem heißen Wasserbad zur Rose abziehen (s. S. 16). Danach abkühlen lassen oder vorsichtig kalt schlagen.

3 Die Masse in einen Behälter gießen und in den Gefrierschrank stellen. Das Eis alle 30–45 Minuten kurz mit dem Handmixer oder Schneebesen aufschlagen.

Serviertipp

Eine Kugel Vanilleeis in einer Tasse oder einem kleinen Glas mit einem Schuss Amaretto oder Grappa und einem Espresso übergießen. Mit einer Sahnehaube verziert servieren.

Schokoladeneis –

immer ein Genuss

Für 3–4 Portionen ～ **Zubereitungszeit 45–60 Minuten** ～
Gefrierzeit ca. 5 Stunden

Zutaten

400 ml Milch
30 g Kakaopulver (ungesüßt)
50 g dunkle Kuvertüre
160 g Zucker
3 Eigelb
250 g Sahne

Richtig »schokoladig« schmeckt das Eis nur mit einer hochwertigen dunklen Kuvertüre. Milchschokolade enthält zu wenig Kakao und ergibt ein sehr helles Eis mit nur sehr schwachem Schokoladengeschmack.

1 Die Milch mit dem Kakaopulver und der Kuvertüre aufkochen. Mit dem Schneebesen gut verrühren. Zucker und Eigelbe in einer Schüssel mit dem Handmixer oder Schneebesen aufschlagen, bis eine cremige Masse entsteht.

2 Die Schokoladenmilch etwas abkühlen lassen (auf ca. 75 °C) und vorsichtig unter die Eigelb-Zucker-Masse geben. Die Eismasse über einem warmen Wasserbad aufschlagen, bis sie dicker wird und bindet (zur Rose abziehen, s. S. 16).

3 Die Schokoladenmasse abkühlen lassen oder auf einem kalten Wasserbad kalt rühren. Die Sahne steif schlagen und unterheben.

4 Die Masse in einen Behälter geben und einfrieren. Alle 30–45 Minuten kurz mit dem Handmixer oder Schneebesen aufschlagen, bis die Masse gefroren ist.

Haselnusseis –

cremig und vollmundig

Für 3–4 Portionen ～ **Zubereitungszeit 1 Stunde** ～
Gefrierzeit ca. 5 Stunden

Zutaten

150 g ganze Haselnüsse
2 Eigelb
150 g Zucker
400 ml Milch
300 g Sahne
1 Eiweiß

Nusseis schmeckt in vielen Variationen. Probieren Sie dieses Rezept doch auch einmal mit Mandeln oder Walnüssen. Wichtig ist das Anrösten, denn nur so entfalten die Nusskerne ihr volles Aroma.

1 Die Haselnüsse auf einem Backblech bei 180 °C Umluft ca. 10 Minuten rösten und nach dem Abkühlen fein mahlen.

2 Eigelbe und Zucker mit dem Handmixer oder Schneebesen schaumig rühren. Die gemahlenen Haselnüsse mit Milch und Sahne aufkochen und kurz leicht köcheln lassen. Den etwas abgekühlten Sahne-Milch-Mix (ca. 75 °C) vorsichtig nach und nach zur Eigelb-Zucker-Masse geben. Die Eismasse über einem warmen Wasserbad zur Rose abziehen.

3 Die Eismasse etwas abkühlen lassen. Eiweiß steif schlagen und unter die Masse heben.

4 Die vollständig abgekühlte Masse in einen gefriergeeigneten Behälter gießen und ins Gefrierfach geben. Alle 30–45 Minuten kurz mit dem Handmixer oder Schneebesen kräftig aufschlagen, bis das Eis gut durchgefroren ist.

Zubereitungstipp

Gehackte Haselnüsse in etwas Zucker in einer Pfanne karamellisieren und als Dekoration über das Eis geben.

Joghurteis –

herrlich erfrischend

Für 3–4 Portionen ~ Zubereitungszeit 40 Minuten ~ Gefrierzeit ca. 5 Stunden

Zutaten

100 ml Milch
150 g Zucker
3 TL Johannisbrotkernmehl
500 g Joghurt
etwas Zitronensaft
60 g Sahne

Genau das Richtige für heiße Tage: Der feinsäuerliche Geschmack von Joghurt lässt sich wunderbar mit frischen Früchten kombinieren.

1 Die Milch leicht erwärmen. Zucker und Johannisbrotkernmehl gut mischen und in die Milch rühren. Kurz aufkochen lassen und rühren, bis sich der Zucker aufgelöst hat. Komplett abkühlen lassen.

2 Joghurt dazugeben, alles gut verrühren und mit Zitronensaft abschmecken.

3 Die Sahne steif schlagen und vorsichtig unterziehen.

4 Die Masse in einen Behälter füllen und in den Gefrierschrank stellen. Zu Beginn alle 15 Minuten kräftig durchrühren. Diesen Vorgang 4-mal wiederholen, dann alle 30 Minuten durchrühren.

Zubereitungstipp

Sie können das Eis mit der Fruchtsauce von Seite 120 marmorieren. Dazu ziehen Sie einfach vor dem Servieren etwas Sauce mit einer Gabel unter das Eis.

Stracciatella-Eis –

nicht nur bei Kindern beliebt

Für 3–4 Portionen ～ **Zubereitungszeit 45 Minuten** ～
Gefrierzeit ca. 5 Stunden

Zutaten

200 ml Milch
400 g Sahne
3 Eigelb
140 g Zucker
80 g dunkle Kuvertüre

»Stracciatella« bedeutet in der Übersetzung »etwas Zerrupftes« – in diesem Falle viele köstlich-zartschmelzende Schokoladensplitter, die im Eis unregelmäßig verteilt sind.

1 Milch und Sahne in einem Topf erhitzen.

2 Eigelbe und Zucker in einer Schüssel mit dem Handmixer oder Schneebesen cremig aufschlagen. Den warmen Milch-Sahne-Mix (ca. 75 °C) vorsichtig in die Eigelb-Zucker-Masse geben und gut aufschlagen. Die Masse über einem heißen Wasserbad zur Rose abziehen (s. S. 16), also die Mischung so lange rühren, bis die Eier abbinden und die Masse dickflüssig wird.

3 Kuvertüre fein hacken und nach dem Abkühlen unter die Masse geben.

4 Die Masse in einen Behälter geben und tiefkühlen. Die gefrierende Eismasse alle 20 Minuten kurz mit dem Handmixer oder Schneebesen kräftig aufschlagen.

Zubereitungstipp

Wenn man eine Eismaschine verwendet, die Kuvertüre über einem heißen Wasserbad schmelzen und fast abgekühlt vorsichtig in die Eismaschine laufen lassen.

Apfelstrudel-Eis –

ein Hauch von Wien

Für 3–4 Portionen ❧ **Zubereitungszeit 40 Minuten** ❧ **Gefrierzeit ca. 5 Stunden**

Zutaten

300 ml Milch
150 g Zucker
3 TL Johannisbrotkernmehl
200 g Apfelmus
20 ml Apfelsaft
etwas Zitronensaft
1 Prise Zimt
gestiftelte Mandeln
Rosinen

Es muss nicht immer Kuchen sein, Das Apfelstrudel-Eis ist ein Hochgenuss und eine erfrischende Überraschung für Ihre sommerliche Kaffeetafel.

1 Die Milch in einem Topf leicht erwärmen. Zucker und Johannisbrotkernmehl gut mischen und in die Milch geben. Aufkochen lassen und gut rühren, bis sich der Zucker vollständig aufgelöst hat. Die Flüssigkeit vollständig abkühlen lassen.

2 Apfelmus und Apfelsaft dazugeben, gut verrühren und mit Zitronensaft und Zimt abschmecken.

3 Die Masse in einen Behälter füllen und ins Gefrierfach geben. Das Eis alle 30 Minuten kräftig durchrühren. Nach ca. 1 Stunde Mandeln und Rosinen unterziehen.

Zubereitungstipp

Wer keine Rosinen mag, kann sie einfach weglassen. Am besten schmeckt selbst gemachtes Apfelmus. Je nach Geschmack können Sie vor dem Servieren noch etwas Rum zugeben.

Basilikumeis –

etwas ungewöhnlich, aber genial

Für 3–4 Portionen ∽ **Zubereitungszeit 1 Stunde** ∽
Gefrierzeit ca. 5 Stunden

Zutaten

200 ml + 100 ml Milch
200 g Sahne
3 Eigelb
130 g Zucker
30 g frisches Basilikum
etwas Zitronensaft

Basilikum als Würze einer Süßspeise? Damit können Sie Ihre Gäste ohne größeres Risiko verblüffen, denn das würzige Kraut harmoniert ausgezeichnet mit Milch und Sahne.

1 200 ml Milch und Sahne in einem Topf erhitzen. Eigelbe und Zucker in einer Schüssel mit dem Handmixer oder Schneebesen cremig aufschlagen und den Milch-Sahne-Mix (ca. 75 °C) vorsichtig unterrühren. Die Eismasse über einem warmen Wasserbad zur Rose abziehen (s. S. 16). Vom Herd nehmen und abkühlen lassen.

2 100 ml Milch leicht erwärmen, von der Herdplatte nehmen und den Basilikum 15 Minuten darin ziehen lassen. Die Basilikummilch mit einem Pürierstab pürieren.

3 Basilikummilch und Zitronensaft unter die erkaltete Eismasse rühren.

4 Die vollständig abgekühlte Masse in einen Behälter gießen und tiefkühlen. Das Eis alle 20 Minuten kurz mit einem Handmixer oder Schneebesen kräftig aufschlagen.

Pfefferminzeis –
kühlt doppelt

Für 3–4 Portionen ～ **Zubereitungszeit 1 Stunde** ～
Gefrierzeit ca. 5 Stunden

Zutaten

200 ml + 100 ml Milch
200 g Sahne
3 Eigelb
130 g Zucker
30 g frische Pfefferminzblätter
10–15 Tropfen Pfefferminzöl

Wer den Minzegeschmack mag, wird in diesem erfrischenden Eis schwelgen! Es gibt übrigens neben der klassischen Pfefferminze noch viele andere Minzesorten, die es auszuprobieren lohnt.

1 200 ml Milch und Sahne in einem Topf erhitzen. Eigelbe und Zucker in einer Schüssel mit dem Handmixer oder Schneebesen cremig aufschlagen und den Milch-Sahne-Mix (ca. 75 °C) vorsichtig unterrühren. Die Eismasse über einem warmen Wasserbad zur Rose abziehen (s. S. 16). Vom Herd nehmen und abkühlen lassen.

2 100 ml Milch leicht erwärmen, von der Herdplatte nehmen und die Pfefferminzblätter 15 Minuten darin ziehen lassen. Die Pfefferminzmilch danach mit einem Pürierstab pürieren.

3 Pfefferminzmilch und Pfefferminzöl unter die erkaltete Eismasse rühren.

4 Die vollständig abgekühlte Masse in einen Behälter gießen und in den Gefrierschrank stellen. Alle 20 Minuten kurz mit einem Handmixer oder Schneebesen kräftig aufschlagen, bis das Eis gut durchgefroren ist.

Zubereitungstipp

Schokoladenfreunde können vor dem Einfrieren ca. 70 g gehackte Kuvertüre unter die kalte Masse rühren.

Tiramisu-Eis –

gerührt statt geschichtet

**Für 3–4 Portionen ～ Zubereitungszeit 40 Minuten ～
Gefrierzeit ca. 5 Stunden**

Zutaten

300 ml Milch
120 g Zucker
3 TL Johannisbrotkernmehl
60 + 30 ml kalter Espresso
50 g Biscotti
150 g Mascarpone
10 ml Amaretto
Kakaopulver

»Richte mich auf!« heißt das klassische italienische Dessert in der Übersetzung, und diesem Anspruch wird auch die Eisvariante gerecht. Nur müssen Sie sich nicht durch mehrere Schichten »arbeiten«, sondern genießen mit jedem Löffel die ganze Komposition.

1 Milch in einem Topf leicht erwärmen. Zucker und Johannisbrotkernmehl mischen und zur Milch geben. Kurz aufkochen lassen und so lange rühren, bis sich der Zucker aufgelöst hat. Die Flüssigkeit abkühlen lassen.

2 60 ml Espresso, Biscotti (2–3 für die Dekoration zurückbehalten), Mascarpone und einen Teil des Amarettos in den Milchmix geben und die Masse mit einem Pürierstab pürieren.

3 Die Masse in einen Behälter gießen und ins Gefrierfach stellen. Das Eis alle 20 Minuten mit einem Handmixer oder Schneebesen kräftig aufschlagen.

4 30 ml Espresso und Amaretto mischen und damit die 2–3 zurückbehaltenen Biscotti tränken. Das Eis vor dem Servieren mit Kakaopulver bestäuben und mit den getränkten Biscotti dekorieren.

Zimteis –

schmeckt nicht nur im Winter

Für 3–4 Portionen ～ Zubereitungszeit 40 Minuten ～
Gefrierzeit ca. 5 Stunden

Zutaten

200 ml Milch
400 g Sahne
2–3 TL Zimt
3 Eigelb
150 g Zucker

Das süße, warme Zimtaroma ist für viele untrennbar mit dem Duft von Weihnachts-plätzchen verbunden. Dieses Eis schmeckt aber auch wunderbar zu vielen säuerli-chen Früchten, wie z. B. Sauerkirschen, Pflaumen, Mirabellen oder Aprikosen.

1 Milch und Sahne mit dem Zimt in einem Topf kurz aufkochen und dann etwas erkalten lassen.

2 Eigelbe und Zucker in einer Schüssel mit dem Handmixer oder Schneebesen cremig aufschlagen. Den warmen Milch-Sahne-Mix (ca. 75 °C) vorsichtig zur Eigelb-Zucker-Masse geben und gut aufschlagen. Die Eismasse über einem warmen Was-serbad zur Rose abziehen (s. S. 16) und danach abkühlen lassen oder zum schnel-leren Abkühlen über einem kalten Wasserbad kalt rühren.

3 Die erkaltete Masse in einen Behälter gießen und tiefkühlen. Alle 20 Minuten kurz mit einem Handmixer oder Schneebesen kräftig aufschlagen.

Serviertipp

Das Eis schmeckt im Winter hervorragend zu Bratäpfeln.

Das Beste an selbst gemachtem Eis ist sein unvergleichlich aromatischer Geschmack. Wichtig dafür sind Frische und erstklassige Qualität bei Zutaten wie Eiern und Milch sowie reife, sonnenverwöhnte Früchte.

Piña-Colada-Eis –

karibischer Traum

Für 3–4 Portionen ～ Zubereitungszeit 40 Minuten ～
Gefrierzeit ca. 5 Stunden

Zutaten

300 ml + 100 ml Milch
100 g Sahne
100 ml Kokosmilch
130 g Zucker
3 TL Johannisbrotkernmehl
60 g frische Ananas
Weißer Rum nach Geschmack

Da werden Urlaubsträume wach: Die Aromen von Ananas, Kokosnuss und Rum versetzen uns blitzschnell an sonnige Strände unter Palmen – auch mitten im Winter. Das tropische Fruchteis eignet sich auch gut als Dessert nach einem asiatisch inspirierten Essen.

1 300 ml Milch, Sahne und Kokosmilch in einem Topf leicht erwärmen. Zucker und Johannisbrotkernmehl mischen, dazugeben und die Flüssigkeit aufkochen lassen. So lange rühren, bis sich der Zucker aufgelöst hat.

2 100 ml Milch mit der Ananas pürieren, in die Flüssigkeit geben und verrühren. Die Flüssigkeit abkühlen lassen.

3 Die Eismasse in einen Behälter gießen und in den Gefrierschrank stellen. Alle 20 Minuten mit einem Handmixer oder Schneebesen kräftig aufschlagen.

4 Beim Rührvorgang nach ca. 1 Stunde je nach Geschmack etwas weißen Rum unterrühren.

Erdbeer-Joghurt-Eis –

alla Stracciatella

Für 3–4 Portionen ～ **Zubereitungszeit 45 Minuten** ～
Gefrierzeit ca. 5 Stunden

Zutaten

100 g Erdbeeren (frisch oder TK)
140 g Zucker
ggf. etwas Zitronensaft
3 TL Johannisbrotkernmehl
100 ml Milch
400 g Joghurt
40 g dunkle Kuvertüre

Hier kommen gleich drei Geschmacksfavoriten zum Einsatz: Joghurt, Erdbeeren und Schokolade bilden einen harmonischen Dreiklang, dem kaum jemand widerstehen kann.

1 Bei Tiefkühl-Erdbeeren die Früchte mit etwas Zucker und Zitronensaft zum Auftauen ansetzen.

2 (Restlichen) Zucker und Johannisbrotkernmehl mischen und mit der Milch in einem Topf erhitzen, dabei kurz aufkochen lassen. Wenn sich der Zucker vollständig aufgelöst hat, die Flüssigkeit vom Herd nehmen und erkalten lassen.

3 Erdbeeren und Joghurt mit einem Pürierstab gut pürieren und in die erkaltete Flüssigkeit rühren.

4 Nach dem vollständigen Abkühlen die Kuvertüre hacken und unter die Masse geben.

5 Die Masse in einen Behälter gießen und einfrieren. Das Eis alle 20 Minuten kurz mit dem Handmixer oder Schneebesen kräftig aufschlagen.

Málaga-Eis –

mit Rum-Rosinen

Für 3–4 Portionen ～ Zubereitungszeit 1 Stunde ～
Gefrierzeit ca. 7 Stunden

Zutaten

50 ml Málaga-Wein
20 ml Rum
100 g Rosinen
400 ml Milch
200 g Sahne
1 Vanilleschote
4 Eigelb
170 g Zucker

Der Erfinder dieser klassischen Eissorte soll ein Spanier – Señor Prudente Dimas Mira – gewesen sein. Er kombinierte für die seit 1890 von seiner Familie betriebene Heladería Mira seine zwei Geschmacksfavoriten Rosinen und Málaga-Wein und hatte großen Erfolg damit. Heute werden die Rosinen oft einfach in Rum eingelegt, der einfacher zu beschaffen ist als der spanische Dessertwein.

1 Málaga-Wein, Rum und Rosinen in einem Topf erhitzen und ganz kurz aufkochen. Mindestens 6 Stunden ziehen lassen.

2 Milch und Sahne in einem Topf erhitzen. Vanilleschote aufritzen und mit dem Messerrücken das Mark herauskratzen. Eigelbe, Vanillemark und Zucker in einer Schüssel mit dem Handmixer oder Schneebesen cremig aufschlagen. Den etwas abgekühlten Milch-Sahne-Mix (ca. 75 °C) vorsichtig zur Eigelb-Zucker-Masse geben und schaumig schlagen.

3 Die Masse über einem heißen Wasserbad zur Rose abziehen, das heißt, die Mischung so lange rühren, bis die Eier abbinden und die Masse dickflüssig wird (s. S. 16). Die Masse abkühlen lassen.

4 Die Eismasse in einen Behälter gießen und ins Gefrierfach geben. Das Eis alle 20 Minuten kurz mit dem Handmixer oder Schneebesen kräftig aufschlagen. Den Málaga-Wein-Rosinen-Mix erst kurz vor Ende der Gefrierzeit unterziehen.

Cappuccino-Eis –

eine Köstlichkeit

Für 3–4 Portionen ～ **Zubereitungszeit 40 Minuten** ～
Gefrierzeit ca. 5 Stunden

Zutaten

400 ml Milch
200 g Sahne
10 g löslicher Kaffee
3 Eigelb
130 g Zucker

Kalter Kaffee in seiner schönsten Form: als cremig-sahnige Eisspezialität. Einfach pur, bestreut mit Zimt oder in einem Eiskaffee genießen!

1 Milch, Sahne und Kaffeepulver in einem Topf erhitzen.

2 Eigelbe und Zucker in einer Schüssel mit dem Handmixer oder Schneebesen cremig aufschlagen. Den Milch-Kaffee-Mix (ca. 75 °C) vorsichtig in die Eigelb-Zucker-Masse geben und gut aufschlagen. Die Masse über einem heißen Wasserbad zur Rose abziehen, das heißt die Mischung so lange rühren, bis die Eier abbinden und die Masse dickflüssig wird (s. S. 16). Die Masse vollständig abkühlen lassen.

3 Die Eismasse in einen Behälter gießen und tiefkühlen. Alle 20 Minuten kurz mit dem Handmixer oder Schneebesen kräftig aufschlagen.

Serviertipp

Das Cappuccino-Eis können Sie anstelle von Vanilleeis für einen Eiskaffee verwenden. Einfach zwei Kugeln Eis mit zimmerwarmem Kaffee übergießen, Sahnehaube drauf, fertig!

Bananen-Kirsch-Eis –

der Liebling der Kinder

Für 3–4 Portionen ∼ Zubereitungszeit ca. 45 Minuten ∼
Gefrierzeit ca. 5 Stunden

Zutaten

140 g Zucker
3 TL Johannisbrotkernmehl
200 ml + 100 ml Milch
130 ml Kirschsaft
200 g Banane
etwas Zitronensaft

Die üppige Süße der Banane wird perfekt ausbalanciert durch die aromatische, fruchtige Säure des Kirschsaftes. Und nicht zuletzt bekommt dieses köstliche Eis dadurch seine herrliche kräftige Farbe!

1 Zucker und Johannisbrotkernmehl mischen und mit 200 ml Milch und dem Kirschsaft erhitzen. Kurz aufkochen lassen und so lange rühren, bis sich der Zucker aufgelöst hat. Die Flüssigkeit vollständig abkühlen lassen.

2 Banane und mit 100 ml Milch pürieren. Mit Zitronensaft abschmecken und in den Milch-Kirschsaft-Mix rühren.

3 Die Masse in einen Behälter gießen und in den Gefrierschrank stellen. Das Eis alle 20 Minuten kurz mit dem Handmixer oder Schneebesen kräftig aufschlagen.

Zutaten

150 ml Reismilch, 250 ml Sojasahne,
70 g Zucker, 2 TL Zitronensaft,
2 TL Johannisbrotkernmehl,
2 TL Speisestärke, 4 Bananen

Laktosefreie Variante

1 Alle Zutaten außer den Bananen gut mischen, in einem Topf erwärmen und beiseitestellen.

2 Die Bananen schälen und pürieren, anschließend mit einem Handmixer in die abgekühlte Masse rühren.

3 Die Eismasse tiefkühlen und regelmäßig durchrühren.

Amaretti-Nektarinen-Eis –

raffiniert und fruchtig

Für 3–4 Portionen　～　Zubereitungszeit 45 Minuten　～
Gefrierzeit ca. 5 Stunden

Zutaten

50 g Amaretti
200 ml Milch
120 g Sahne
150 g Zucker
3 TL Johannisbrotkernmehl
260 g sehr reife Nektarinen
etwas Zitronensaft

Wer die knusprigen Amaretti mit ihrer bittersüßen Marzipan-Note mag, wird von dieser Kombination begeistert sein. Verwenden Sie für dieses Rezept nur reife Nektarinen, die ihr Aroma schon voll entfaltet haben.

1 Milch und Sahne mischen, Amaretti dazugeben und die Flüssigkeit leicht erwärmen. Zucker und Johannisbrotkernmehl gut mischen und in die Flüssigkeit geben. Kurz aufkochen lassen und so lange rühren, bis sich der Zucker aufgelöst hat. Die Flüssigkeit abkühlen lassen.

2 Ein wenig von der Flüssigkeit in ein hohes Gefäß geben und mit den Nektarinen pürieren. Mit Zitronensaft abschmecken und zur Eismasse geben.

3 Die Masse in einen Behälter füllen und einfrieren. Das Eis alle 30 Minuten mit einem Handmixer oder Schneebesen kräftig durchrühren.

Eierlikör-Eis –

mit Krokantkaramell

Für 3–4 Portionen ∼ Zubereitungszeit 1 Stunde ∼
Gefrierzeit ca. 10–12 Stunden

Zutaten

1 Vanilleschote
300 ml Milch
200 g Sahne
3 Eigelb
140 g Zucker
170 ml Eierlikör
70 g Krokant

Eierlikör mal anders und nicht nur zur Osterzeit! In dieser cremig-süßen Eiskreation sorgen echte Vanille für ein tolles Aroma und Krokantstückchen für eine knusprige Überraschung.

1 Die Vanilleschote der Länge nach aufschneiden und das Vanillemark herauskratzen. Milch, Sahne, Vanilleschote und Vanillemark in einem Topf 15 Minuten leicht köcheln lassen. Etwas abkühlen lassen.

2 Eigelbe und Zucker in einer Schüssel mit dem Handmixer oder Schneebesen cremig aufschlagen. Die lauwarme Vanillemilch vorsichtig in die Eigelb-Zucker-Masse geben und schaumig schlagen. Die Masse über einem heißen Wasserbad zur Rose abziehen, das heißt die Mischung so lange rühren, bis die Eier abbinden und die Masse dickflüssig wird (s. S. 16).

3 Masse abkühlen lassen oder über einem kalten Wasserbad aufschlagen. Eierlikör und Krokant unter die Masse rühren.

4 Die Masse in einen Behälter gießen und tiefkühlen. Alle 20 Minuten kurz mit dem Handmixer oder Schneebesen kräftig aufschlagen. Diesen Vorgang 5–6-mal wiederholen.

Joghurt-Holunder-Eis –

rot oder weiß

Für 3–4 Portionen ∼ **Zubereitungszeit 45 Minuten** ∼
Gefrierzeit ca. 5 Stunden

Zutaten

140 g Zucker
3 TL Johannisbrotkernmehl
100 ml Milch
400 g Joghurt
100 ml roter Holundersaft oder weißer
Holunderblütensaft
etwas Zitronensaft

Ein ganz natürliches Eis mit Wildfrüchten. Holundersaft ist ein kleines Kraftpaket und enthält zahlreiche Antioxidanzien, Folsäure und die Vitamine A, B und C. Mit ausgebackenen Holunderblüten serviert, schmückt dieses Eis die Tafel für ein Sommerfest.

1 Zucker und Johannisbrotkernmehl mischen (bei Verwendung des weißen Holunderblütensaftes die Zuckermenge auf 110 g reduzieren), in die Milch rühren und kurz aufkochen lassen. Die Flüssigkeit abkühlen lassen.

2 Joghurt mit Holundersaft mischen und mit der erkalteten Milch verrühren. Die Flüssigkeit mit Zitronensaft abschmecken.

3 Die Eismasse in einen Behälter gießen und in den Gefrierschrank stellen. Das Eis alle 20 Minuten kurz mit dem Handmixer oder Schneebesen kräftig aufschlagen.

Variante

Anstelle des Holundersaftes können Sie auch Saft von schwarzen Johannisbeeren oder Preiselbeersaft verwenden.

Fruchteis –
Farben und Aromen
aus aller Welt

Erdbeereis –

das Beste aus den süßen Früchtchen

Für 3–4 Portionen ～ Zubereitungszeit 45 Minuten ～
Gefrierzeit ca. 5 Stunden

Zutaten

400 g Erdbeeren (frisch oder TK)
150 g Zucker
ggf. etwas Zitronensaft
3 Eigelb
100 ml Milch
100 g Sahne

1 Bei Tiefkühl-Erdbeeren die Früchte mit etwas Zucker und Zitronensaft zum Auftauen ansetzen.

2 Eigelbe und (restlichen) Zucker in einer Schüssel mit dem Handmixer oder Schneebesen cremig aufschlagen. Milch und Sahne in einem Topf erhitzen (auf ca. 75 °C) und langsam in die Eigelb-Zucker-Masse rühren. Die Masse über einem heißen Wasserbad zur Rose abziehen (s. S. 16) und danach abkühlen lassen.

3 Die Erdbeeren pürieren und unter die erkaltete Eismasse rühren. Die Masse in einen Behälter gießen und in den Gefrierschrank stellen. Alle 20 Minuten kurz mit dem Handmixer oder Schneebesen kräftig aufschlagen.

Zutaten

400 g Erdbeeren, 2 TL Johannisbrotkernmehl, 2 TL Stärke, 100 g Sojasahne,
100 ml Sojamilch, 100 g Honig,
2 EL Zitronensaft

Laktosefreie Variante

Erdbeeren pürieren, alle Zutaten gut mischen und in einem Topf erwärmen. Die Eismasse abkühlen lassen, tiefkühlen und regelmäßig kräftig durchrühren.

Zubereitungstipp

Zwei Kugeln Erdbeereis mit 300 ml Milch in einem Standmixer pürieren. In ein großes Glas füllen und den Rand mit einer Erdbeere und einem Minzeblatt dekorieren.

Himbeereis –

zum Frühstück

Für 3–4 Portionen ∽ **Zubereitungszeit 45 Minuten** ∽
Gefrierzeit ca. 5 Stunden

Zutaten

250 g Himbeeren (frisch oder TK)
140 g Zucker
ggf. etwas Zitronensaft
3 Eigelb
150 ml Milch
150 g Sahne

Himbeereis ist ein Klassiker unter den Fruchteissorten und muss diesen Rang höchstens noch mit Zitroneneis teilen. Für einen intensiv-beerigen Geschmack brauchen Sie die allerbesten Früchte. Kleine sind aromatischer als große, und vor allem: Frisch müssen sie sein! Selbst gepflückte Himbeeren vom Feld sind die erste Wahl für dieses Eis.

1 Bei Tiefkühl-Himbeeren die Früchte mit etwas Zucker und Zitronensaft zum Auftauen ansetzen.

2 Eigelbe und (restlichen) Zucker in einer Schüssel mit dem Handmixer oder Schneebesen cremig aufschlagen. Milch und Sahne erhitzen (auf ca. 75 °C) und langsam in die Eigelb-Zucker-Masse rühren. Die Masse über einem heißen Wasserbad zur Rose abziehen, das heißt die Mischung so lange rühren, bis die Eier abbinden und die Masse dickflüssig wird (s. S. 16). Die Eismasse abkühlen lassen.

3 Die Himbeeren mit dem Pürierstab pürieren und unter die erkaltete Eismasse rühren.

4 Die Masse in einen Behälter gießen und tiefkühlen. Alle 20 Minuten kurz mit dem Handmixer oder Schneebesen kräftig aufschlagen.

Mangoeis –
exotisch und köstlich

Für 3–4 Portionen ～ **Zubereitungszeit 45 Minuten** ～
Gefrierzeit ca. 5 Stunden

Zutaten

140 g Zucker
3 TL Johannisbrotkernmehl
150 ml Milch
150 g Sahne
300 g reife Mango
etwas Zitronensaft

Mangos schmecken einfach himmlisch – wenn sie wirklich reif sind. Es lohnt sich, diese Früchte in einem guten Obstgeschäft zu kaufen, denn leider sind auch zahlreiche faserige und nahezu ungenießbare Früchte im Handel.

1 Zucker und Johannisbrotkernmehl mischen und in den Milch-Sahne-Mix rühren. Die Flüssigkeit unter Rühren kurz aufkochen lassen, danach abkühlen lassen.

2 Das Mangofruchtfleisch mit dem Pürierstab pürieren und unter die erkaltete Eismasse rühren. Mit Zitronensaft abschmecken.

3 Die Eismasse in einen Behälter gießen und ins Gefrierfach geben. Alle 20 Minuten kurz mit dem Handmixer oder Schneebesen kräftig aufschlagen.

Zubereitungstipp

Das Mangoeis passt hervorragend zu einem exotischen Obstsalat.

Maracujaeis –
intensiv fruchtig

Für 3–4 Portionen ❧ **Zubereitungszeit 40 Minuten** ❧
Gefrierzeit ca. 5 Stunden

Zutaten

160 g Zucker
3 TL Johannisbrotkernmehl
150 ml Milch
150 g Sahne
300 ml Maracujasaft
etwas Zitronensaft

Maracuja bzw. Passionsfrüchte sind bei uns eher selten zu erhalten. Da man für eine ausreichende Menge Saft ziemlich viele Früchte braucht und die Kerne aussieben muss, ist es einfacher, für dieses tropische Eis fertig gepressten Saft zu verwenden.

1 Zucker und Johannisbrotkernmehl mischen und in den Milch-Sahne-Mix geben. Unter Rühren kurz aufkochen lassen und abkühlen lassen.

2 Den Maracujasaft unter die erkaltete Eismasse rühren. Mit Zitronensaft abschmecken.

3 Die Eismasse in einen Behälter gießen und einfrieren. Alle 20 Minuten kurz mit dem Handmixer oder Schneebesen kräftig aufschlagen.

Serviertipp

Eine Kugel Eis mit gut gekühltem Prosecco übergießen und mit Minzeblättern garniert servieren. Oder einfach etwas frische Maracuja auf die Eiskugeln geben.

Pfirsicheis –

zergeht auf der Zunge

Für 3–4 Portionen ～ Zubereitungszeit 45 Minuten ～
Gefrierzeit ca. 5 Stunden

Zutaten

100 ml Milch
100 g Sahne
3 Eigelb
140 g Zucker
300 g frische reife Pfirsiche
etwas Zitronensaft

Das zarte, blumige Aroma frischer Pfirsiche kann man nur eine kurze Zeit im Jahr genießen. Besonders gut schmecken die kleinen flachen Weinbergpfirsiche in diesem herrlich sahnigen Eis.

1 Milch und Sahne in einem Topf kurz aufkochen und danach etwas abkühlen lassen.

2 Eigelbe und Zucker in einer Schüssel mit dem Handmixer oder Schneebesen cremig aufschlagen. Den warmen Milch-Sahne-Mix (ca. 75 °C) langsam in die Eigelb-Zucker-Masse rühren. Die Masse über einem heißen Wasserbad zur Rose abziehen (s. S. 16). Die Masse abkühlen lassen oder auf einem kalten Wasserbad kalt schlagen.

3 Die Pfirsiche mit dem Pürierstab pürieren und unter die erkaltete Eismasse rühren.

4 Die Masse in einen Behälter gießen und in den Gefrierschrank stellen. Das Eis alle 20 Minuten kurz mit dem Handmixer oder Schneebesen kräftig aufschlagen.

Serviertipp

Reife Pfirsiche oder Nektarinen halbieren, den Kern vorsichtig entfernen und eine große Eiskugel in die Mulde setzen. Auf einem mit Staubzucker abgepuderten und mit Fruchtsauce dekorierten Teller servieren.

Wenn Sie *Wert auf Qualität* und Herkunft der verwendeten Früchte legen, wählen Sie für Ihr Eis am besten selbst gepflückte Früchte aus dem eigenen Garten, aus der Natur oder von Obstplantagen. Exotische Früchte sollten für ein volles Aroma möglichst reif sein.

Waldbeer-Balsamico-Eis –

feinherb und farbintensiv

Für 3–4 Portionen 〜 Zubereitungszeit 50 Minuten 〜
Gefrierzeit ca. 5 Stunden

Zutaten

250 g Waldbeeren (frisch oder TK)
140 g Zucker
2–3 EL Balsamico-Essig
3 Eigelb
150 ml Milch
150 g Sahne

Waldbeeren ergeben je nach Mischung ein kräftig pinkfarbenes bis blauviolettes Eis. Die intensiven Aromen der Beeren werden durch die raffinierte Mischung mit etwas Balsamico noch hervorgehoben.

1 Bei Tiefkühl-Waldbeeren die Früchte mit etwas Zucker und Balsamico-Essig zum Auftauen ansetzen.

2 Eigelbe und (restlichen) Zucker in einer Schüssel mit dem Handmixer oder Schneebesen cremig aufschlagen. Milch und Sahne erhitzen (auf ca. 75 °C), dann langsam in die Eigelb-Zucker-Masse rühren. Die Masse über einem heißen Wasserbad zur Rose abziehen (s. S. 16). Die Eismasse abkühlen lassen.

3 Die Waldbeeren mit dem Pürierstab pürieren und unter die erkaltete Eismasse rühren.

4 Die Masse in einen Behälter gießen und in den Gefrierschrank stellen. Das Eis alle 20 Minuten kurz mit dem Handmixer oder Schneebesen kräftig aufschlagen.

Serviertipp

Das Eis schmeckt – nicht nur – im Sommer sehr gut zu einem frischen Blattsalat.

Aprikosen-Kardamom-Eis –

würzig und fruchtig

Für 3–4 Portionen ~ Zubereitungszeit 45 Minuten ~
Gefrierzeit ca. 5 Stunden

Zutaten

180 g Sahne
½ TL Kardamom
3 Eigelb
140 g Zucker
300 g Aprikosen a. d. Dose
100 ml Aprikosensaft
etwas Zitronensaft

Eine ungewöhnliche Note erhält dieses zartschmelzende Aprikoseneis durch den Kardamom. Das indische Gewürz kennt man hier eher als Brotzutat oder Bestandteil von Curry-Mischungen – es passt aber auch hervorragend zu Süßspeisen.

1 Sahne und Kardamom in einem kleinen Topf leicht erhitzen.

2 Eigelbe und Zucker in einer Schüssel mit dem Handmixer oder Schneebesen cremig aufschlagen. Die warme Sahne langsam in die Eigelb-Zucker-Masse rühren. Die Masse über einem heißen Wasserbad zur Rose abziehen, das heißt die Mischung so lange rühren, bis die Eier abbinden und die Masse dickflüssig wird (s. S. 16). Die Eismasse abkühlen lassen oder auf einem kalten Wasserbad kalt rühren.

3 Aprikosen, Aprikosensaft und Zitronensaft mit dem Pürierstab pürieren und unter die erkaltete Eismasse rühren.

4 Die Masse in einen Behälter gießen und ins Gefrierfach geben. Das Eis alle 20 Minuten kurz mit dem Handmixer oder Schneebesen kräftig aufschlagen.

Apfel-Sellerie-Eis –

à la Waldorf

Für 3–4 Portionen ~ Zubereitungszeit 45 Minuten ~
Gefrierzeit ca. 5 Stunden

Zutaten

100 g Sahne
200 ml + 150 ml Apfelsaft
150 g Zucker
3 TL Johannisbrotkernmehl
100 g Apfelmus
120 g Stangensellerie
etwas Zitronensaft

Die süß-pikante Kombination von Apfel und Sellerie wurde bekannt durch den Waldorfsalat, der Ende des 19. Jahrhunderts in New York im Hotel Waldorf, dem Vorläufer des Hotels Waldorf-Astoria, kreiert wurde. Dieses erfrischende Eis eignet sich gut als kleine Zwischenmahlzeit oder als Vorspeise zu einem opulenten Essen.

1 Sahne und 200 ml Apfelsaft leicht erwärmen. Zucker und Johannisbrotkernmehl gut mischen und in die Flüssigkeit rühren. So lange rühren, bis sich der Zucker aufgelöst hat, dabei kurz aufkochen lassen. Die Flüssigkeit abkühlen lassen.

2 Apfelmus, Stangensellerie, 150 ml Apfelsaft und Zitronensaft mit einem Pürierstab pürieren, mit der Apfelsaft-Sahne-Masse gut verrühren und vollständig abkühlen lassen.

3 Die Eismasse in einen Behälter füllen und in den Gefrierschrank stellen. Die Masse alle 30 Minuten kräftig durchrühren.

Zubereitungstipp

Das Eis mit naturtrübem Apfelsaft mixen. Zusammen mit einem Stangensellerie mit Grün in einem Glas servieren. Schmeckt auch einfach mit Schokoladensauce (S. 122) sehr gut.

Ananas-Rosmarin-Eis –

tropisch-süß und kräuterherb

Für 3–4 Portionen ∽ **Zubereitungszeit 45 Minuten** ∽
Gefrierzeit ca. 5 Stunden

Zutaten

200 ml Milch
100 g Sahne
2 Eigelb
140 g Zucker
1 kleinen Zweig Rosmarin
300 g frische Ananas
etwas Zitronensaft

Die exotische Frucht und das würzige Mittelmeerkraut sind gewiss eine sehr ungewöhnliche Kombination, die zu ganz neuen Geschmackserlebnissen führt. Nehmen Sie unbedingt frischen Rosmarin, denn der getrocknete entfaltet nur beim Kochen und Braten sein Aroma.

1 Milch und Sahne in einem kleinen Topf erhitzen.

2 Eigelbe und Zucker in einer Schüssel mit dem Handmixer oder Schneebesen cremig aufschlagen. Die warme Sahnemilch (ca. 75 °C) langsam in die Eigelb-Zucker-Masse rühren. Die Masse über einem heißen Wasserbad zur Rose abziehen (s. S. 16). Die Eismasse abkühlen lassen.

3 Die Rosmarinnadeln möglichst klein hacken. Ananas und Rosmarin mit dem Zitronensaft pürieren und unter die erkaltete Eismasse rühren.

4 Die Masse in einen Behälter gießen und in den Gefrierschrank stellen. Das Eis alle 20 Minuten kurz mit dem Handmixer oder Schneebesen kräftig aufschlagen.

Zitronen-Lavendelblüten-Eis –

der Duft der Provence

Für 3–4 Portionen 〜 Zubereitungszeit 40 Minuten 〜
Gefrierzeit ca. 5 Stunden

Zutaten

200 ml Milch
150 g Sahne
170 g Zucker
3 TL Johannisbrotkernmehl
1–2 TL Lavendelblüten
200 ml frisch gepresster Zitronensaft (von ca. 4–6 Zitronen)

Der ganze Zauber eines heißen Sommers am Mittelmeer ist in dieser Eiskomposition eingefangen. Überraschen Sie Ihre Familie oder Gäste mit diesem auch wunderschön anzusehenden blumigen Dessert.

1 Milch und Sahne in einem Topf erwärmen. Zucker und Johannisbrotkernmehl mischen und in den Milch-Sahne-Mix rühren. Mit den Lavendelblüten kurz aufkochen lassen, dabei rühren. Die Flüssigkeit abkühlen lassen.

2 Den Zitronensaft unter die erkaltete Eismasse rühren.

3 Die Masse in einen Behälter gießen und einfrieren. Das Eis alle 20 Minuten kurz mit dem Handmixer oder Schneebesen kräftig aufschlagen.

Sorbets
mit Früchten
und Gewürzen

Gurken-Minze-Sorbet –

der Gaumenkitzler

Für 3–4 Portionen　∿　Zubereitungszeit 15 Minuten　∿
Gefrierzeit ca. 5 Stunden

Zutaten

700 g Salatgurke (ca. 2 Stück)
2–3 Minzezweige
150 ml Wasser
150 ml Weißwein
70 g Zucker
weißer Pfeffer aus der Mühle
etwas Zitronensaft

Dieses Sorbet eignet sich hervorragend als überraschender Zwischengang bei einem Gästeessen. Es erfrischt den Gaumen und weckt den Appetit auf weitere Genüsse.

1 Salatgurken schälen, der Länge nach halbieren, mit einem Löffel entkernen und grob würfeln. Minzeblätter von den Zweigen zupfen.

2 Gurkenwürfel, Minzeblätter und die restlichen Zutaten mit einem Pürierstab pürieren.

3 Die Masse in einen Behälter füllen und tiefkühlen. Das Sorbet nach 15 Minuten mit dem Handmixer oder Schneebesen kräftig durchrühren. 3–4-mal wiederholen, bis das Sorbet eine cremige Konsistenz hat.

Serviertipp

Kleine Gartengurken waschen und der Länge nach aufschneiden. Die Kerne mit einem Löffel entfernen. 1–2 Kugeln Sorbet hineinsetzen und mit frischen Kräutern dekorieren. Als Vorspeise für heiße Sommertage geeignet.

Orangen-Ingwer-Sorbet –

mit einem Hauch von Schärfe

**Für 3–4 Portionen ～ Zubereitungszeit 30 Minuten ～
Gefrierzeit ca. 5 Stunden**

Zutaten

600 ml frisch gepresster Orangensaft
80 g Zucker
frischer Ingwer
Abrieb von 1 Bio-Orange
etwas Zitronensaft
2 TL Orangenlikör

Eine exquisite Kombination: Die fruchtige Schärfe der Ingwerwurzel verbindet sich wunderbar mit dem Aroma der Orange. Zu einem perfekten Dreiklang können Sie dieses Eis mit Schokoladensauce (Rezept siehe Seite 122) kombinieren.

1 Orangensaft mit Zucker und etwas geriebenem Ingwer aufkochen, bis der Zucker sich aufgelöst hat. Die Flüssigkeit abkühlen lassen.

2 Orangenabrieb und Zitronensaft in die Flüssigkeit geben. Je nach Geschmack Orangenlikör zugeben.

3 Die Masse in einen Behälter geben und ins Gefrierfach stellen. Das Sorbet nach 15–20 Minuten mit dem Handmixer oder Schneebesen kräftig durchrühren. Den Vorgang 4–6-mal wiederholen, bis das Sorbet cremig wird.

Pflaumen-Rotwein-Sorbet –

üppige Fruchtigkeit

Für 3–4 Portionen ❧ Zubereitungszeit 30 Minuten ❧
Gefrierzeit ca. 5 Stunden

Zutaten

500 g Pflaumen
100 g Zucker
100 ml Rotwein
100 ml Wasser
2 EL Zitronensaft
1 Eiweiß

Die kräftigen, vollen Aromen von Herbstfrüchten machen dieses Sorbet so vollmundig und köstlich. Es eignet sich prima als Abschluss eines herbstlichen Menüs mit Pilzen oder Wild.

1 Pflaumen waschen und entkernen. Zucker, Rotwein und Wasser in einem Topf aufkochen, die Pflaumen dazugeben und ca. 10 Minuten leicht köcheln lassen.

2 Nach dem Abkühlen die Pflaumen mit einem Pürierstab pürieren. Mit Zitronensaft abschmecken. Eiweiß steif schlagen und vorsichtig unter die Sorbetmasse heben.

3 Die Masse in einen Behälter füllen und einfrieren. Das Sorbet nach 15–20 Minuten mit dem Handmixer oder Schneebesen kräftig durchrühren. Den Vorgang 4–6-mal wiederholen, bis das Sorbet eine cremige Konsistenz hat.

Limetten-Lorbeer-Sorbet –

die leichte Erfrischung

Für 3–4 Portionen ～ Zubereitungszeit 40 Minuten ～
Gefrierzeit ca. 5 Stunden

Zutaten

Schale von 1 Bio-Limette
3–4 Lorbeerblätter
400 ml Wasser
250 g Zucker
7 Limetten
1 Eiweiß

Ein Hochgenuss für die Liebhaber zitronig-würziger Aromen. Das Sorbet wird zu einem leichten und eleganten Dessert, wenn Sie es mit eisgekühltem Prosecco oder einem Schuss Wodka aufgießen.

1 Limettenschale, Lorbeerblätter, Wasser und Zucker unter Rühren einkochen lassen, bis die Flüssigkeit etwas dickflüssiger wird. Vollständig abkühlen lassen, danach Limettenschale und Lorbeerblätter entfernen.

2 Limetten auspressen und den Saft in den Zuckersirup rühren. Die Masse für ca. 1 Stunde in den Gefrierschrank stellen. Eiweiß steif schlagen. Sobald die Masse anfriert, das steif geschlagene Eiweiß unterziehen und die Masse weiter gefrieren lassen.

3 Die Sorbetmasse alle 30 Minuten kräftig durchrühren. Den Vorgang 3–4-mal wiederholen, bis das Sorbet eine cremige Konsistenz hat.

Heidelbeersorbet –

blau und beerig

Für 3–4 Portionen 〜 Zubereitungszeit 40 Minuten 〜
Gefrierzeit ca. 5 Stunden

Zutaten

150 g Zucker
250 ml Wasser
2 EL Zitronensaft
250 g Heidelbeeren
2 Eiweiß

Das Blaubeereis ist genauso appetitlich anzusehen, wie es schmeckt: eine Farbharmonie in Blau-Violett, die außer ein paar frischen Beeren keine weitere Dekoration benötigt. Und Kinder lieben es, wenn sich diese tolle Farbe dann auch auf ihren Zungen zeigt!

1 Zucker und Wasser in einem Topf kochen lassen, bis die Masse etwas dickflüssiger wird. Vollständig abkühlen lassen.

2 Zuckersirup, Zitronensaft und Heidelbeeren mit einem Pürierstab pürieren. Das Eiweiß steif schlagen und in die Masse rühren.

3 Die Sorbetmasse in einen Behälter füllen und ins Gefrierfach stellen. Die Masse alle 15–20 Minuten mit dem Handmixer oder Schneebesen kräftig durchrühren. Diesen Vorgang 4–6-mal wiederholen. Das Sorbet sollte eine cremige Konsistenz bekommen.

Zubereitungstipp

Zwei Kugeln Heidelbeersorbet mit 50 ml Orangensaft und etwas Grappa oder Wodka mixen. In ein großes Glas geben und mit Mineralwasser auffüllen.

Granita –
der eiskalte
Frischekick

Zitronengranita –
klassisch

Für 3–4 Portionen ～ Zubereitungszeit 20 Minuten ～
Gefrierzeit ca. 10 Stunden

Zutaten

4 Bio-Zitronen
130 g Zucker
750 ml Wasser

Das »Wassereis« oder Granita, wie es auf Italienisch klangvoller heißt, ist der Favorit von denen, die es lieber erfrischend als sahnig und cremig mögen. Die Zitronenvariante ist sozusagen die Urform der Granita und an heißen Tagen unübertrefflich.

1 Zitronen waschen und schälen. Den Saft auspressen.

2 Zucker und Wasser in einem Topf erhitzen, dabei rühren, bis sich der Zucker aufgelöst hat.

3 Zitronensaft und die Schalen hinzufügen und noch etwas köcheln lassen. Zitronensirup abkühlen lassen, dann die Zitronenschale entfernen.

4 Die Masse in einen Behälter füllen und in den Gefrierschrank stellen. Sobald die Masse zur Hälfte gefroren ist, mit einer Gabel oder dem Schneebesen kräftig durchrühren. Den Vorgang jede Stunde, 6–8-mal insgesamt, wiederholen.

Serviertipp

Granita in ein Glas füllen, wenn nötig, noch etwas mit der Gabel verrühren und mit einem Fruchtsirup (je nach Geschmack) übergießen.

Ein Stück *italienisches Lebensgefühl* an heißen Sommertagen bringt Ihnen eine selbst gemachte Granita nach Hause. Das erfrischende sizilianische Dessert schmeckt besonders köstlich mit frisch gepresstem Zitronensaft.

Prosecco-Holunderblüten-Granita –

ein festliches Dessert

Für 3–4 Portionen ～ **Zubereitungszeit 15 Minuten** ～
Gefrierzeit ca. 10 Stunden

Zutaten

150 g Zucker
1 Flasche Prosecco
2 EL Zitronensaft
4–5 EL Holunderblütensirup

Nicht gerade ein Eis für Kinder, aber würdig, den Abschluss eines sommerlichen Festessens zu bilden. Oder servieren Sie das Granita doch einmal als originellen Aperitif bei hochsommerlichen Temperaturen.

1 Zucker und Prosecco in einem Topf aufkochen lassen, dabei rühren, bis sich der Zucker vollständig aufgelöst hat. Zitronensaft und Holunderblütensirup dazugeben. Die Flüssigkeit abkühlen lassen.

2 Die Flüssigkeit in einen Behälter füllen und in den Gefrierschrank stellen. Sobald die Masse zur Hälfte gefroren ist, mit einer Gabel oder dem Schneebesen kräftig durchrühren. Diesen Vorgang jede Stunde, insgesamt 6–8-mal, wiederholen. Vor dem Servieren nochmals mit einer Gabel durcharbeiten.

Feigen-Zimt-Granita –

mit orientalischem Flair

Für 3–4 Portionen ～ **Zubereitungszeit 40 Minuten** ～
Gefrierzeit ca. 10 Stunden

Zutaten

70 g Zucker
100 ml Wasser
650 g reife Feigen
2 EL Zitronensaft
2 TL Zimt

Frische Feigen sind bei uns nur begrenzte Zeit erhältlich – und diese sollten Sie unbedingt nutzen, um diese köstliche Spezialität auszuprobieren. Der Zimt rundet das süße Feigenaroma perfekt ab.

1 Zucker und Wasser in einem Topf unter Rühren köcheln lassen, bis sich der Zucker aufgelöst hat.

2 Die Feigen schälen, zerkleinern und in den Zuckersirup geben. Die Flüssigkeit noch ein wenig köcheln lassen, dann beiseitestellen und abkühlen lassen.

3 Zitronensaft und Zimt zur Masse geben und die Feigen mit einem Pürierstab pürieren.

4 Die Masse in einen Behälter füllen und ins Gefrierfach geben. Sobald sie zur Hälfte gefroren ist, mit einer Gabel oder einem Schneebesen kräftig durchrühren. Diesen Vorgang jede Stunde, insgesamt 6–8-mal, wiederholen. Vor dem Servieren nochmals mit einer Gabel durcharbeiten.

Melonen-Grapefruit-Granita –

süß und spritzig

Für 3–4 Portionen ∼ **Zubereitungszeit 30 Minuten** ∼
Gefrierzeit ca. 10 Stunden

Zutaten

70 g Zucker
40 ml Wasser
80 ml Grapefruitsaft
1 kg Wassermelone
(Fruchtfleisch ohne Kerne)
2 EL Zitronensaft

Melone allein schmeckt leicht etwas fade, Grapefruit ist vielen zu herb – aber die Kombination ist genial! Naturreinen Grapefruitsaft bekommt man auch in jedem Supermarkt.

1 Zucker, Wasser und Grapefruitsaft in einem Topf unter Rühren erhitzen, bis sich der Zucker aufgelöst hat. Die Flüssigkeit abkühlen lassen.

2 Wassermelone grob zerkleinern und zusammen mit dem Zuckersirup und Zitronensaft mit dem Pürierstab fein pürieren.

2 Die Masse in einen Behälter füllen und in den Gefrierschrank stellen. Sobald die Masse halbgefroren ist, mit einer Gabel oder einem Schneebesen kräftig durchrühren. Den Vorgang jede Stunde, insgesamt 6–8-mal, wiederholen. Vor dem Servieren nochmals mit einer Gabel durcharbeiten.

Parfaits – Eistorten
vom Feinsten

Vanilleparfait –

die »Mutter« aller Parfaits

Für 10–12 Portionen ∼ **Zubereitungszeit 40 Minuten** ∼
Gefrierzeit ca. 6 Stunden

Zutaten

1–2 Vanilleschoten
2 Eier
4 Eigelb
200 g Zucker
750 g Sahne

Wer es schlicht klassisch und köstlich mag, wird dieses Parfait aus besten Zutaten lieben. Außerdem bildet es den idealen Ausgangspunkt für kreative Dessertkombinationen mit Früchten, Saucen und Gebäck.

1 Vanilleschoten längs aufschneiden und mit dem Messerrücken das Mark herauskratzen. Eier, Eigelbe, Zucker und das Vanillemark erst über einem warmen, dann über einem kalten Wasserbad schaumig aufschlagen, bis die Masse eine cremige Konsistenz hat.

2 Die Sahne steif schlagen und vorsichtig unter die abgekühlte Masse heben.

3 Eine Kastenform mit Frischhaltefolie auslegen, die Masse hineingeben und glatt streichen. Das Parfait gefrieren lassen.

Zubereitungstipp

Sie können das Parfait auch portionsweise in jede Art von kleineren Formen einfrieren. Nach dem Gefrieren je nach Wunsch dekorieren.

Erdbeerparfait –
zum Dahinschmelzen

Für 10–12 Portionen ∼ **Zubereitungszeit 45 Minuten** ∼
Gefrierzeit ca. 6 Stunden

Zutaten

3 Eigelb
250 g Zucker
1 EL Zitronensaft
350 g pürierte Erdbeeren
600 g Sahne
3 Eiweiß

1 Wiener Boden

Fast zu schade zum Anschneiden ist diese Erdbeer-Eistorte in Herzform. Aber das süße Gedicht ist so köstlich, dass man sich nicht lange mit dem bloßen Anblick zufrieden geben wird!

1 Eigelbe und Zucker erst über einem warmen, dann über einem kalten Wasserbad schaumig aufschlagen. Sobald die Masse eine cremige Konsistenz hat, den Zitronensaft und das Erdbeerpüree unterheben.

2 Sahne und Eiweiß getrennt steif schlagen. Erst die Sahne, danach das Eiweiß unter die Masse heben.

3 Eine Tortenform mit einem Biskuitboden auslegen, die Masse hineinfüllen und mit einer Palette glatt streichen. Die Torte einfrieren.

Zubereitungstipp

Sie können in Scheiben geschnittene Erdbeeren als Verzierung für den Rand der Torte verwenden. Wie im Kapitel »Geräte und Zubehör« (s. S. 13) beschrieben, aus der Form lösen und mit Sahnetupfen und Erdbeeren dekorieren.

Schokoladen-Chili-Parfait –

das hat Pep

Für 8–10 Portionen ～ Zubereitungszeit 45 Minuten ～
Gefrierzeit ca. 6 Stunden

Zutaten

5 Eigelb
120 + 30 g Zucker
75 ml Wasser
100 g dunkle Kuvertüre
20 g Kakaopulver
1 Chilischote
2 cl Cognac oder Rum
600 g Sahne

1 Wiener Boden

Eine raffinierte Abwechslung für Schokoladenliebhaber: Ein Hauch von Chili bringt eine überraschend pikante Note in das klassische Eisdessert. Hier kommt es auf die Dosis an, denn aus dem leichten Prickeln auf der Zunge soll kein heftiges Brennen werden.

1 Eigelbe und 120 g Zucker erst über einem warmen, dann über einem kalten Wasserbad schaumig aufschlagen. Wasser, Kuvertüre, Kakaopulver und den restlichen Zucker kurz aufkochen, dann abkühlen lassen.

2 Die Chilischote mit Handschuhen entkernen, sehr fein hacken und mit dem Alkohol in die Schokoladenflüssigkeit einrühren. Die Flüssigkeit zur Zucker-Eigelb-Masse geben und verrühren. Die Sahne steif schlagen und vorsichtig unterheben.

3 Eine Form mit einem Biskuitboden auslegen, die Masse hineingießen und mit einer Palette glatt streichen. Die Torte einfrieren.

Zubereitungstipp

Wenn die Torte gefroren ist, können Sie sie mit Sahnetupfen, Limettenscheiben und Chilischoten dekorieren.

Orangen-Mohn-Parfait –

ein zartes Gedicht

**Für 8–10 Portionen ～ Zubereitungszeit 1 Stunde ～
Gefrierzeit ca. 6 Stunden**

Zutaten

50 + 100 g Zucker
50 ml Wasser
1 Bio-Orange
1 Wiener Boden
4 Eigelb
220 ml frisch gepresster Orangensaft
2 EL Zitronensaft
2 EL Orangenlikör
20 g Mohn
400 g Sahne

Diese fruchtig-sahnige Torte wird aromatisiert mit Mohn und Orangenlikör und krönt jede Kaffeerunde.

1 50 g Zucker und 50 ml Wasser zum Kochen bringen. Orange in dünne gleichmäßige Scheiben schneiden. Die Scheiben halbieren und für etwa 5 Minuten in den sanft köchelnden Zuckersirup legen. Die leicht kandierten Orangenscheiben auf Küchenpapier etwas abtropfen lassen.

2 Einen Tortenring mit dem Biskuitboden auslegen und die Orangenscheiben rund herum an den Tortenrand legen.

3 Eigelbe und restlichen Zucker über einem warmen Wasserbad schaumig aufschlagen. Sobald die Masse eine helle, cremige Konsistenz hat, Orangen- und Zitronensaft, Orangenlikör und Mohn dazugeben.

4 Die schön cremige Masse über einem kalten Wasserbad weiter gut aufschlagen. Wenn die Masse abgekühlt ist, die Sahne steif schlagen und vorsichtig unter die Creme rühren. Die Masse in die vorbereitete Tortenform gießen und mit einer Palette glatt streichen. Die Torte tiefkühlen.

Zubereitungstipp

Nach dem Gefrieren können Sie die Torte mit Orangenschnitzen oder -scheiben und mit Sahnetupfen dekorieren.

Dessertsaucen –
das Tüpfelchen
auf dem i

Karamellsauce –

einfach himmlisch

Zubereitungszeit 20 Minuten

Zutaten

250 g Sahne
200 g Zucker oder Puderzucker

Die süße Sauce mit dem Geschmack von Karamellbonbons ist besonders bei Kindern ein Renner. Ihre Zubereitung ist einfach und sie lässt sich gut im Kühlschrank aufheben. Doch Vorsicht, der Zucker brennt leicht an und wird dann bitter!

1 Sahne erwärmen. Einen weiten Topf bereits auf einer Herdplatte vorwärmen. Den Zucker langsam in den Topf einrieseln lassen. Mit dem Schneebesen rühren und warten, bis eine hellbraune Masse entsteht.

2 Nun sehr vorsichtig nach und nach die Sahne zugeben und konstant kräftig rühren. Nicht zu viel Sahne auf einmal dazugeben, sonst entstehen Klumpen. Unter ständigem Rühren so lange köcheln, bis sich der Zucker aufgelöst hat. Die sämige Masse am besten im Topf auskühlen lassen.

3 In eine Flasche abfüllen und im Kühlschrank aufbewahren.

Erdbeersauce –

rot wie die Liebe

Zubereitungszeit 20 Minuten

Zutaten

500 g frische oder TK-Erdbeeren
170 g Zucker
2 EL Zitronensaft
4 EL Orangensaft

Dieses Grundrezept für eine Fruchtsauce können Sie natürlich mit einer Vielzahl anderer Früchte abwandeln – passend zur Eissorte, die damit optisch und geschmacklich verfeinert werden soll.

1 Alle Zutaten in einem Topf erhitzen und kurz aufkochen lassen. Anschließend die Früchte mit einem Pürierstab pürieren. Die Fruchtmasse im Topf auskühlen lassen.

2 Die Sauce in eine Flasche abfüllen und im Kühlschrank aufbewahren.

Variante

Zum Verfeinern können Sie noch etwas Orangenlikör und Orangenabrieb hinzufügen.

Schokoladensauce –

passt (fast) immer

Zubereitungszeit 20 Minuten

Zutaten

130 g Zucker
100 ml Wasser
100 g dunkle Kuvertüre
50 g Kakaopulver
200 g Sahne

Diese verführerische Schokoladensauce schmückt fast jede Eissorte. Sehr beliebt ist auch die heiße Variante, die allerdings den kleinen Nachteil hat, dass man sie sofort servieren und auch verzehren muss.

1 Alle Zutaten gut in einem Topf vermischen, unter Rühren aufkochen und 10 Minuten köcheln lassen. Die Sauce im Topf auskühlen lassen.

2 Die Schokoladensauce in eine Flasche abfüllen und im Kühlschrank aufbewahren.

Alle Rezepte auf einen Blick

Cremeeis ~

das Beste aus Milch und Sahne, Seite 19

Vanilleeis – der köstliche Klassiker, Seite 20

Schokoladeneis – immer ein Genuss, Seite 22

Haselnusseis – cremig und vollmundig, Seite 24

Joghurteis – herrlich erfrischend, Seite 27

Stracciatella-Eis – nicht nur bei Kindern beliebt, Seite 29

Apfelstrudel-Eis – ein Hauch von Wien, Seite 31

Basilikumeis – etwas ungewöhnlich, aber genial, Seite 32

Pfefferminzeis – kühlt doppelt, Seite 34

Tiramisu-Eis – gerührt statt geschichtet, Seite 36

Zimteis – schmeckt nicht nur im Winter, Seite 39

Piña-Colada-Eis – karibischer Traum, Seite 42

Erdbeer-Joghurt-Eis – alla Stracciatella, Seite 45

Cappuccino-Eis – eine Köstlichkeit, Seite 48

Málaga-Eis – mit Rum-Rosinen, Seite 46

Bananen-Kirsch-Eis – der Liebling der Kinder, Seite 50

Amaretti-Nektarinen-Eis – raffiniert und fruchtig, Seite 52

Eierlikör-Eis – mit Krokantkaramell, Seite 55

Joghurt-Holunder-Eis – rot oder weiß, Seite 57

Fruchteis ~

Farben und Aromen aus aller Welt, Seite 59

Erdbeereis – das Beste aus den süßen Früchtchen, Seite 60

Himbeereis – zum Frühstück, Seite 62

Mangoeis – exotisch und köstlich, Seite 64

Maracujaeis – intensiv fruchtig, Seite 67

Pfirsicheis – zergeht auf der Zunge, Seite 68

Waldbeer-Balsamico-Eis – feinherb und farbintensiv, Seite 72

Aprikosen-Kardamom-Eis – würzig und fruchtig, Seite 74

Apfel-Sellerie-Eis – à la Waldorf, Seite 77

Ananas-Rosmarin-Eis – tropisch-süß und kräuterherb, Seite 79

Zitronen-Lavendelblüten-Eis – der Duft der Provence, Seite 80

Sorbets

mit Früchten und Gewürzen, Seite 83

Gurken-Minze-Sorbet – der Gaumenkitzler, Seite 84

Orangen-Ingwer-Sorbet – mit einem Hauch von Schärfe, Seite 86

Pflaumen-Rotwein-Sorbet – üppige Fruchtigkeit, Seite 88

Limetten-Lorbeer-Sorbet – die leichte Erfrischung, Seite 91

Heidelbeersorbet – blau und beerig, Seite 92

Parfaits ～
Eistorten vom Feinsten, Seite 107

Vanilleparfait – die »Mutter« aller Parfaits, Seite 108
Erdbeerparfait – zum Dahinschmelzen, Seite 111
Schokoladen-Chili-Parfait – das hat Pep, Seite 112
Orangen-Mohn-Parfait – ein zartes Gedicht, Seite 115

Granita ～
der eiskalte Frischekick, Seite 95

Zitronengranita – klassisch, Seite 96
Prosecco-Holunderblüten-Granita –
ein festliches Dessert, Seite 100
Feigen-Zimt-Granita – mit orientalischem Flair, Seite 102
Melonen-Grapefruit-Granita – süß und spritzig, Seite 105

Dessertsaucen ～
das Tüpfelchen auf dem i, Seite 117

Karamellsauce – einfach himmlisch, Seite 118
Erdbeersauce – rot wie die Liebe, Seite 120
Schokoladensauce – passt (fast) immer, Seite 122

Bezugsquellen

www.backfunshop.de
Stuttgarter Str. 177
73066 Uhingen
Tel. 0 71 61/50 60 80

Hobbybäcker-Versand
Am Mühlholz 6
89287 Bellenberg
Tel. 0 73 06/92 59 09
info@hobbybaeckerversand.de
www.hobbybaecker.de

Tortissimo GmbH
Backzubehör und -zutaten
Am Kreuzweg 1
35469 Allendorf/Lumda
Tel. 0 64 07/40 34 40 00
info@tortissimo.de
www.tortissimo.de

Madavanilla
Riesige Vanille-Auswahl
In der Hut 3c
86565 Peutenhausen
Tel. 0 82 52/88 17 769
www.madavanilla.de

www.alleszumbacken.de
Eiszubereitung und Zubehör
Stuttgarter Str. 177
D-73066 Uhingen
Tel. 0 71 61/50 60 80

Cake Company
Tortendekoration
und Zubehör
Jacobi Decor GmbH
Maarstr. 72
53842 Troisdorf-Spich
Tel. 0 22 41/39 70 30
www.cake-company.de

Bildnachweis

Alle Bilder stammen von Tanja und Harry Bischof (Studio L'Éveque), außer:

Shutterstock: baibaz S. 38, Dionisvera S. 34, eAlisa S. 92, Gyuszko-Photo S. 40/41, Hintau Aliaksei S. 42, Christian Jung S. 74, Anna Kucherova S. 44, Louella938 S. 11, Madlen S. 19, matin S. 95, matka_Wariatka S. 100/101, Olga Miltsova S. 32, 72, Kati Molin S. 70/71, n7atal7i S. 22, stocker1970 S. 62, Sukharevskyy Dmytro (nevodka) S. 24, svetok30 S. 59, Valentyn Volkov S. 83, Volosina S. 80, Zakharoff S. 36

Über die Autorin

Sabine D'Agostino ist verheiratet und hat zwei Kinder. Leidenschaft und Lebensfreude – die Passion für Genuss in höchster Qualität, das ist die Philosophie von Sabine D'Agostino.
Eisgenuss wie in der Kindheit; natürlich und ohne Aromen sowie künstliche Farb- und Zusatzstoffe. Ihr Motto: »Das Leben ist zu kurz, um auf feinste Eisspezialitäten zu verzichten!«
Grundlegende Kenntnisse der Eisherstellung erwarb Sabine D'Agostino durch den Besuch von Fachschulen im In- und Ausland. 2008 eröffnete sie das erste Eiscafé mit Eisspezialitäten aus eigener Produktion in Mammendorf bei Fürstenfeldbruck. Dazu gehört auch die Herstellung von Eistorten für Festivitäten. Ihre »Vivo Eismanufaktur« eröffnete 2011 eine weitere Filiale in München-Pasing. Sabine D'Agostino verwendet für ihr himmlisches Eis nur hochwertige Zutaten wie frische Früchte, Schokolade von Felchlin, frische Milchprodukte der Milchwerke Berchtesgadener Land und echte Bio-Madagaskar-Vanille.

Über die Fotografen

Tanja Bischof, geb. 1971, und **Harry Bischof**, geb. 1962, haben sich auf Foodfotografie spezialisiert und arbeiten auf dem eigenen Bauernhof im bayerischen Rottal. Die gute Teamarbeit (beide kochen, richten an und fotografieren) ist ihr Geheimnis für abwechslungsreiche Foodfotos und natürliches Styling.
Tanja ist gelernte Köchin mit Erfahrung in Gourmet- und Sterneküchen, Harry hat sich bereits als Jugendlicher der Lebensmittelfotografie gewidmet. Sie arbeiten für bekannte Foodmagazine, Kochbuchverlage und Werbung.
www.studio-leveque.de

Impressum

Bibliografische Information der Deutschen Nationalbibliothek
Die Deutsche Nationalbibliothek verzeichnet diese Publikation in der Deutschen Nationalbibliografie; detaillierte bibliografische Daten sind im Internet über http://dnb.d-nb.de abrufbar.

BLV Buchverlag
GmbH & Co. KG

80797 München

© 2013 BLV Buchverlag GmbH & Co. KG, München

Umschlagkonzeption: Kochan & Partner, München
Umschlagfotos: Studio L'Éveque, Tanja und Harry Bischof

Lektorat: Stella Rahn, Marion Ónodi
Herstellung: Angelika Tröger
Layoutkonzept Innenteil und DTP: griesbeckdesign, München

Gedruckt auf chlorfrei gebleichtem Papier

Printed in Germany
ISBN 978-3-8354-1125-8

Hinweis
Das vorliegende Buch wurde sorgfältig erarbeitet. Dennoch erfolgen alle Angaben ohne Gewähr. Weder Autorin noch Verlag können für eventuelle Nachteile oder Schäden, die aus den im Buch vorgestellten Informationen resultieren, eine Haftung übernehmen.

Blüten zum Genießen: Gaumenfreuden selbst gemacht

Claudia Költringer
Essbare Blüten
Bunte Köstlichkeiten aus dem Blumengarten: Grundlagen der Blüten-
küche · Rezepte mit Blüten: Salate und Suppen, Dips und Desserts,
Essig und Öl, Soßen, Dressings, Gewürze, Tee, Likör, Limonade und
mehr · Geeignete Pflanzensorten in Kurzporträts · Mit Dekorationsideen
und Variationen.
ISBN 978-3-8354-0935-4